指文字は、日本語の五十音やアルファベット、数字などを1文字ずつ指の形であらわしたものです。

五十音　濁音　促音など

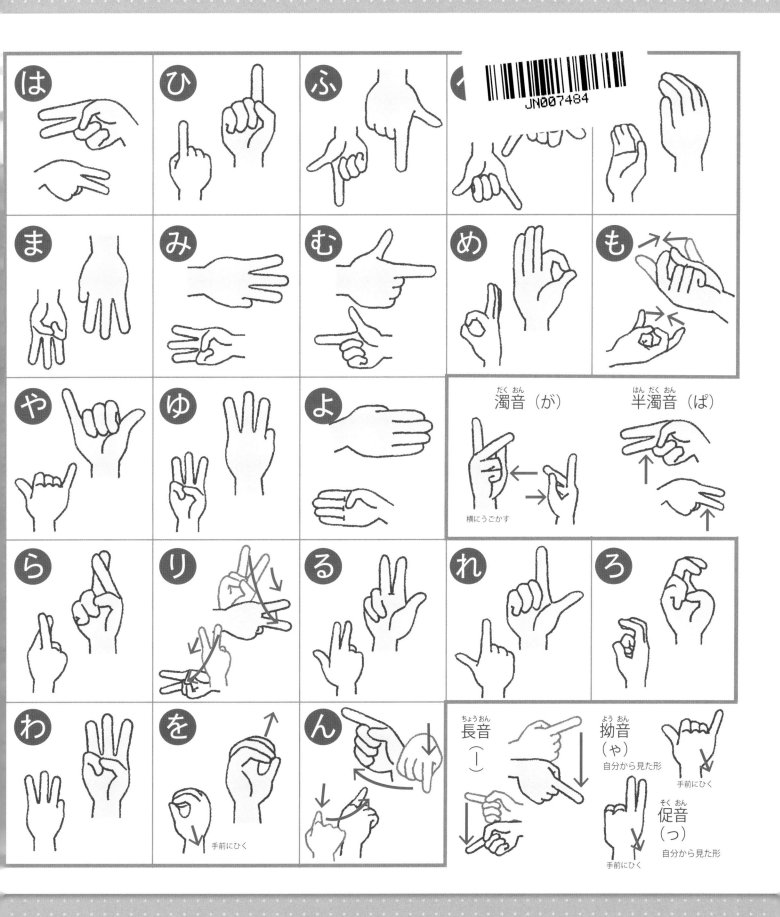

監修のことば

日本には、1億2,500万人の人々が生活しています。

その中で、366万人が障害児者といわれています。身体や足の不自由な人や、目の見えない人とは、みなさんもどこかで会ったり、お話ししたことがあるのではないでしょうか。

しかし、みなさんは、今まで耳のきこえない人と会ったことはありますか？　お話ししたことはありますか？

耳がきこえないということは、外から見てわかりません。こまっているときもまわりの人とコミュニケーションができないなど、きこえないということは、ひとことでいうと「わかりにくい障害」といわれています。

みなさんは、きこえない人たちの問題や悩みをききたい、知りたいと思ったときは、どうやってコミュニケーションをとりますか？

話しかけてもきこえないと知ったら、紙に書いたり、身ぶりであらわしたり、伝える努力をするでしょう。それを見て、きこえない人もみなさんにわかってもらうために、いっしょうけんめい工夫して答えます。

きこえない子どもたちも、みなさんと同じように夢をもって、がんばって勉強しています。そして大人になれば、自動車の運転もできますし、医者や弁護士、プロ野球の選手になっている人もいます。

この本は、「わかりにくい障害」をもっている耳のきこえない人たちのことを知ってもらうために、きこえないことがどういうことか、また、手話言語がどういうことばなのかをわかりやすく説明しています。

きこえないことについて理解を深め、きこえない人たちと、楽しく手話でコミュニケーションしましょう。

一般財団法人全日本ろうあ連盟

理事長　石野　富志三郎

監修：全日本ろうあ連盟

手話でつながる世界 ③

手話で 日本一周

小峰書店

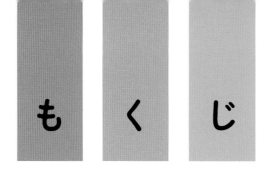

もくじ

この本の読み方

この本では、日本の標準手話を基本に紹介しています。ただし、名前の横に★がついているときは、その地域で使われている手話を紹介しています。

手がいくつかあるときは、うすい色からこい色へとうごかします。

手話であらわしている名所、名物など

ゴーヤー ★

ゴーヤーの表面のごつごつした感じをあらわしているんだね

苦みのある野菜で、ゴーヤーチャンプルーなどの沖縄料理に使う。

手や指の動きを矢印であらわしています。

手や指の動きを説明しています。

指を軽く丸めて、ほほを「ポン、ポン、ポン」と少しずつさげながらたたく

● この本で紹介するイラストの手話は、相手から見たときのようすをあらわしています。

● 手話のイラストは、右利きの人用にえがいています。左利きの人は、左右の手をいれかえてもかまいません。

● 手話で話すときは、指や手の形や動きがよくわかるよう、相手にはっきりと見えるようにしましょう。

● 手話では、手の形や動きだけでなく、顔の表情も大切です。うれしいときには、うれしさが伝わるような明るい表情、あやまるときはすまなそうな表情をしましょう。

● 手話で話すときは、同時におなじ言葉を話しましょう。相手は口の動きも見てくれます。

伝えよう！ わたしたちの都道府県

日本全国には、たくさんの楽しいところがあります。自分の住んでいるところや、好きな場所の魅力について、手話で伝えてみましょう。

わたしは北海道に住んでいます

わたし（は）	北海道（に）	住む（住んでいます）

人さし指で胸のあたりをさす

ここを
自分の住んでいる
都道府県に
変えてみてね
（→8〜11ページ）

両手の人さし指と中指でひし形
（北海道の形）をえがく

両手の親指と人さし指の指先を向きあわせ、図のように円をえがく

知床は世界遺産です

知床（は）	世界	遺産	です

図のようにした左手の人さし指の先から、右手の親指と人さし指で右上へひいてつまむ

丸めた両手の親指と4本の指先をつけて、前に半回転させる

ていねいに
伝えたいときは
この動作を
つけるよ

右肩の前で左の手のひらの上に右手のグーをおき、胸の正面へななめにおろす

指先を少しななめ上に向けたまま軽くおろす

家族で山梨県へ行きました

家族（で）

ななめにかまえた左手の下で、親指と小指をたてた右手を半回転させる（屋根の下に家族がいるようす）

山梨県（へ）

ほかの都道府県名も入れてやってみてね

横にした左の手のひらに右手の指先をつけ、下に回転させながらすぼめていく（藤の花の形）

行き／行く

下に向けた右手の人さし指を右ななめ前へだしながら、指先をななめ前へ向ける

ももがおいしかった

ました／かった

指を上に向けた両手を同時におろしながら5本の指をとじる

もも（が）

いろいろな食べものを入れてみてね

両手を図のようにふくらませて、指先と手首をつけあわせる

おいし（い）

過去のことを伝えるときにこの動きをするよ

右の手のひらでほほを軽くたたく

この本には、全国の都道府県名（8〜11ページ）をはじめ、日本各地の名所や名物、名産品の手話（12〜47ページ）がのっています。

自分の住んでいる都道府県や、行ったことのある場所、行ってみたい名所、食べてみたい名産品などを、4〜7ページの表現に入れて、手話で伝えてみましょう。

伝えよう！
都道府県の楽しみ

日本各地の行ってみたいところや知りたい場所について、手話で伝えてみましょう。

沖縄旅行が楽しみ！

沖縄

行きたい都道府県でやってみてね

人さし指と中指をたて、こめかみの横からひねるように上へあげる

旅行（が）

①左の手のひらの横で、右手の人さし指と中指を小さくまわし

②両手の人さし指を顔の両脇で交互に前後にふる

ていねいに伝えたいときは4ページの「です」を最後につけてね

楽しみ（楽しい＋待つ）！

+

①指を軽くまげた両手の指先を胸に向け、交互に上下にうごかす

②右手の4本の指を、図のようにあごの下にあてる

6

東京ディズニーランドへ行きましたか？

東京ディズニーランド（へ）　　　　　　　　行き／行く

行ってみたい
場所を
入れてみてね

両手の人さし指で、頭の横
に大きな耳の形をえがく
（ミッキーマウスの耳の形）

下に向けた右手の人さし指を
右ななめ前へだしながら、指
先をななめ前へ向ける

ました　　　　　　　　　　　か？

指を上に向けた両手を同時
におろしながら５本の指を
とじる

たずねるときに
使う手話よ

指先を耳に向けた右手を、
手のひらを上に向けて胸の
位置までおろす

今日、東京スカイツリーへ行きます

今日　　　　　　東京スカイツリー（へ）　　　　　　行く

行きたい
場所を
入れよう

図のように両手を軽くおさえる
ように同時に２回おろす

両手で指文字「す」をならべ、指を
上に向けながら細長くもちあげる

下に向けた右手の人さし指を右ななめ前
へだしながら、指先をななめ前へ向ける

手話でめぐろう 日本全国 47都道府県（とどうふけん）

石川県（いしかわ）

軽く丸めた左の手のひらに、まげた右の4本の指先をつけて「石」

3本の指をのばし、下へ向けて「川」

新潟県（にいがた）

図のように両手の小指側（こゆびがわ）をこするように交互にうごかす（港（みなと）に船が出入りするようす）

神奈川県（かながわ）

両手の手のひらをあわせたら（神に拝（おが）むしぐさ）

3本の指をのばし、下へ向けて「川」

長野県（ながの）

つまんだ両手の親指と人さし指の先をつけてから左右にはなし「長い」

指文字の「の」

山梨県（やまなし）

横にした左の手のひらに右手の指先をつけ、下に回転させながらすぼめていく（藤（ふじ）の花の形）

福井県（ふくい）

あごにつけた右手を下にさげながら指先をつけて「福」（幸せをあらわす）

富山県（とやま）

両手の人さし指と中指をクロスさせて「井」

指文字の「と」をつくり、左から右へ山をえがく

三重県（みえ）

指文字「み」で「三」をあらわし

手のひらを上にし、指先を向かいあわせた両手を下におろし「重い」

愛知県（あいち）

左手の親指をたて、その上で右手のひらを下に向けてまわす

静岡県（しずおか）

両手の人さし指と中指で「富士山（ふじさん）」の形をえがく

岐阜県（ぎふ）

口の前で3本の指をとじたりひらいたりをくりかえす

8

都道府県をあらわす手話は、その土地の形や名物、名前の一部をあらわすものが多くあります。日本全国の魅力を、手話でめぐっていきましょう。

※手話の語源は諸説あります。

秋田県

手のひらを上にした左手の下に右手の親指をつける（ふきの形）

岩手県

両手の指をまげて向かいあわせたら、たがいに逆方向にまわし「岩」

指文字の「て」

青森県

4本の指先で口の横からほほをなであげ「青」

ひらいた両手を交互に上下にうごかしながら左右に広げ「森」

北海道

両手の人さし指と中指でひし形（北海道の形）をえがく

茨城県

交差させた両手を肩から下にうごかす動作をくりかえす

福島県

あごにつけた右手を下にさげながら指先をつけ「福」（幸せをあらわすしぐさ）

にぎった左手の上で、手のひらを上にした右手を半時計まわりにまわす

山形県

左手でつくった輪に右手人さし指の指先をあてて、さくらんぼの実とじくの形

宮城県

両手の指を交互に組みあわせ「宮」（社の屋根の形）

両手の人さし指をまげて向かいあわせ「城」

東京都

「L」にした両手を2回上にあげる

千葉県

左手の親指と人さし指を図のようにのばし、右手の人さし指をかさねて「千」の形をつくる

埼玉県

丸めた両手を上下に向かいあわせてまわす（玉を転がすしぐさ）

群馬県

両手の人さし指を2回うちおろす（手綱やムチで馬をあやつるしぐさ）

栃木県

右手の人さし指で、ひらいた左手の指にそって栃の木の葉の形をえがく

9

高知県（こうち）

指文字「こ」をつくり上にあげ

その手のひらを胸（むね）にあててさげる

愛媛県（えひめ）

たてた左手の小指の上で、手のひらを下にした右手をまわす

香川県（かがわ）

人さし指と中指をのばして鼻にちかづけ

3本の指をのばし、下へ向けて「川」

長崎県（ながさき）

つまんだ両手の親指と人さし指の先をつけてから左右にはなし「長い」

からだの前で両手の指先をつけて「崎」（みさき）（岬の先端（せんたん）の形）

佐賀県（さが）

人さし指をのばしてこめかみにあて

ほかの指をたらす（大学の角帽（かくぼう）のふさをあらわす）

福岡県（ふくおか）

少しまげた右手をおなかの左にあて、右へうごかす（博多帯（はかた おび））

沖縄県（おきなわ）

人さし指と中指をたて、こめかみの横からひねるように上へあげる

鹿児島県（かごしま）

3本の指をたて、こめかみの横からひねるように上へあげる（シカのツノの形）

宮崎県（みやざき）

両手の指を交互（こうご）に組みあわせ「宮」（みや）（社（やしろ）の屋根の形）

からだの前で両手の指先をつけて「崎」（みさき）（岬の先端（せんたん）の形）

大分県（おおいた）

左手の小指側（こゆびがわ）の手首の近くに、右手の親指と人さし指を輪（わ）にしてつける

熊本県（くまもと）

「C」（シー）の形にした両手の親指と人さし指を2回おなかにつける

和歌山県	奈良県	兵庫県	大阪府	京都府	滋賀県

指文字「こ」の右手を口もとにあてる	大仏のかっこうをする	両手のグーを上下にしてからだの右におく	人さし指と中指を図のようにたて、前に2回だす	「L」にした両手を2回下にさげる	琵琶をひくしぐさをする

岡山県	島根県	鳥取県

両手の指をつまんで交差させ、指を2回ひらく（い草をあらわす）

少し丸めた左手の上で、手のひらを上にした右手を反時計まわりにまわし

左手のグーの下に指文字「ね」をつける

親指と人さし指を口もとで図のようにのばしてからとじ「鳥」

ひらいた右手を、つかみとるように手前にひきながらにぎり「取」

徳島県	山口県	広島県

のばした右手の親指と人さし指をあごにつけ

ふせた左手の小指側から、手のひらを上にした右手をまわし「島」

右手で左から右へ山をえがき

人さし指で口のまわりに円をえがく

両手の人さし指と中指をつけて左右にひらき、下に向けておろす（鳥居の形）

11

北海道①
（道北・道東）

©Suicasmo©

両手をあわせて
北海道の最北端
の形にする

北海道最北端の宗谷岬には「日本最北端の地の碑」がたっている。

宗谷岬

稚内●

こんぶをかんで
ひきさくようす

こんぶ

日本のこんぶのなんと9割は、北海道の海でとれる。

昆布

つまんだ両手の親指と人さし指を口もとにつけて、右手を前にだしながら下へおろす

ラベンダーのかおりを
あらわすのね

オホーツク海

ラベンダー

北海道の中央部には、色あざやかなラベンダー畑が一面に広がる。見ごろは7月。

指文字「ら」をつくり、水平に半円をえがいてから、鼻にちかづける

じゃがいも

ホクホクしたじゃがいも。日本の7割以上が北海道でとれる。

じゃがいもの表面が
でこぼこしているようす

マリモ

阿寒湖のマリモは国の特別天然記念物。緑の藻がからみあい丸まってできたもの。

阿寒湖

札幌●

指をまげた左手の甲を、右手のまげた指先で
軽くたたきながら右へうごかす

手のひらでだんごを丸め
るようなしぐさ

流氷

冬になると、オホーツク海はシベリアから流れてくる流氷におおわれる。

氷が流れていくようすだね

左手の指先から、5本の指を上に向けてまげた右手を波うたせて右へうごかす

ヒグマ ★

日本では北海道だけにいるヒグマ。日本の陸（りく）にいる野生動物のなかではもっとも大きい。

知床（しれとこ）半島の形よ

図のようにした左手の人さし指の先から、右手の親指と人さし指で右上へひいてつまむ

知床（しれとこ）半島

知床（しれとこ）

©663highland©

手つかずの自然（しぜん）がのこる知床（しれとこ）半島は、世界遺産（いさん）に登録（とうろく）されている。写真は知床五湖（しれとここご）。

クマがひっかく動きをする

※同じクマでも本州（ほんしゅう）にいるツキノワグマはちがう表現（ひょうげん）をするよ。35ページの「熊野古道（くまのこどう）」を見てね。

手話には、漢字そのものをあらわす表現（ひょうげん）があります。たとえば「釧」の字は、へんの「金」とつくりの「川」で表現（ひょうげん）します。

漢字をあらわす手話

©snowmanradio©

釧路湿原（くしろしつげん）

日本最大（さいだい）の湿原（しつげん）は釧路湿原（くしろしつげん）。冬にはツルのなかまのタンチョウが集まる。タンチョウは国の特別天然記念物（とくべつてんねんきねんぶつ）に指定されている。

「金」だよ 　「川」だよ

❶親指と人さし指で輪（わ）をつくって図のようにうごかし、❷3本の指をのばして下に向け「釧」の字をえがくことで「釧路（くしろ）」をあらわす

❶たいらなところに、❷草がしげったようすで、「湿原（しつげん）」をあらわす

釧路（くしろ）湿原（しつげん）

13

北海道②
（道央・道南）

ウニ

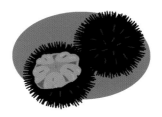

北海道は日本一のウニの産地。舌の上でとろけるぞ。

> ウニをひらいて卵巣（食べるところ）をとりだすようす

左の手のひらを丸めて、右手の人さし指と中指で手前にかきだす

時計台 ★

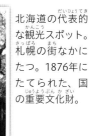

北海道の代表的な観光スポット。札幌の街なかにたつ。1876年にたてられた、国の重要文化財。

右手の人さし指で左手の腕時計の位置をさし

両手で時計台の建物の形をつくる

札幌 ●

さっぽろ雪まつり ★

札幌市の大通り公園などで2月におこなわれる、雪と氷の祭り。大きな氷の像が見もの。

両手の指をのばしたままクロスさせて網の目をえがいて札幌の街をあらわし

両手の親指と人さし指でつくった小さな輪をヒラヒラとおろして「雪」

内浦湾

みこしをかついで「祭り」をあらわす

> 五稜郭は星の形をしているね

両手の指を、親指もたてたチョキの形にして、星の形にうごかす

函館 ●

五稜郭 ★

函館市にある、江戸時代にたてられた星型の城。明治時代のはじめ、新政府軍と旧幕府軍の戦いがおこなわれた。

アイヌの楽器「ムックリ」をかなでるようすの手話で、アイヌの人々や民族の文化もあらわしています。

写真：2点とも(公財)アイヌ民族文化財団提供

ムックリの音色、きいてみたいね

左手でアイヌの楽器「ムックリ」をもち、右手でひもをひいて音をかなでるようす

民族文化をあらわす手話

アイヌ ★

北海道を中心に古くから住んでいた人々。アイヌの言葉で「アイヌ」は人間をあらわす。アイヌの文化を紹介する「ウポポイ（民族共生象徴空間）」という施設が白老町にできた。「ムックリ」は、うすい竹の板についたひもをひきながら、口をつけてかなでる楽器。ウポポイでは、上の写真のようなムックリの演奏もおこなわれる。下はウポポイ内にある博物館の展示。

この手話はヒツジだよ

両手の人さし指で、ヒツジのツノのようにこめかみに向けて円をえがく

これは焼くようす

右手をチョキの形にしてひっくりかえす

ジンギスカン ★

うすく切ったヒツジの肉を野菜といっしょに焼いて食べる。北海道を代表する郷土料理。

ホタテ

貝柱が大きい二枚貝。焼いても、さしみにしてもおいしい。漁獲量は北海道が日本一で、オホーツク海や内浦湾など各地でとれる。

貝の形ね

両手の指を図のように組みあわせ、右手をあげてひらく

メロン

切ったメロンの形だね

夕張メロンをはじめ北海道メロンの多くは、甘くてジューシーなオレンジ色の果肉が特徴。北海道のメロン出荷量は全国2位。

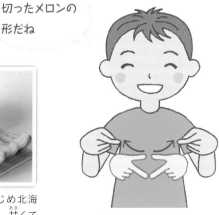

両手の親指と人さし指を図のように向きあわせ、左右ななめ上へあげながらとじる

東北 ①
青森県・岩手県・秋田県

花火

8月に秋田県大仙市大曲でおこなわれる花火大会は有名。大曲は昔から花火の街として知られている。

男鹿半島

● 秋田

両手をあわせたまま頭の上へあげ、左右に大きくひらいて花火が打ちあがり広がるようす

なまはげ

大みそかにこわいお面の「なまはげ」が、家々をまわって厄ばらいなどをする、男鹿半島の伝統行事。ユネスコの無形文化遺産。

できるだけこわい表情をしながら、ツノとキバで、なまはげのお面をあらわす

きりたんぽ

米をつぶして棒にまいて焼いたもの。鍋で煮こんだりしていただく。秋田県を代表する郷土料理。

秋田県

杉の棒にご飯をつつむようにまきつけるようす

● 盛岡

中尊寺（金色堂）

岩手県平泉町の中尊寺には、内側も外側も金箔がはられた金色堂がある。平安時代につくられたもので、国宝に指定されている。写真は覆堂。

中尊寺許可済

左手の親指と人さし指を横にのばしたら、右手の人さし指をたてにあわせて「中」

左手はたてて拝むしぐさ、右手の人さし指で木魚などを2回たたくようにして「尊」「寺」

岩手県

平泉

三陸海岸

©Junpei Satoh©

青森県〜宮城県の北部の太平洋岸は、せまい湾や入り江がふくざつに入り組んでいる。リアス海岸といわれる。

左手を図のようにたて、右手で指文字の「3」をジグザグにおろして三陸海岸をあらわす

りんご

日本のりんごの半分以上は青森県で収穫されている。

● 弘前（ひろさき）

● 青森

右手の人さし指でくちびるをさして、右へひき「赤」

指先をつけて丸めた左手を、右の手のひらでつつみこむようになでおろして丸いりんごをあらわす

青森県

わんこそば

ひと口で食べられるそばを次々におわんに入れていただく。おわんのふたをしめるまで終わらない。岩手県の名物。

おわんにそばをいれて、食べるんだね

左手をおわんのように丸めて、上から右手でそばを入れる

歌舞伎（かぶき）のかっこうからきているよ

ねぶた

大きな台車を運行して歩く、青森市の「ねぶた」。東北の夏を代表する祭り。弘前市（ひろさき）では「ねぷた」という。

指をおりまげた両手を強そうに前後にかまえる

手話は未来（みらい）や過去（かこ）もあらわせます。「遺跡（いせき）」の手話の右手は、「祖先（そせん）、昔の人々」をあらわしています。

昔をあらわす手話

おわんのそばを、右手の人さし指と中指をのばしたはしで食べる

三陸海岸（さんりく）

©663highland©

遺跡（いせき）

青森市にある「三内丸山（さんないまるやま）遺跡（いせき）」には、縄文時代（じょうもん）の人々のくらしや住まいのようすが復元（ふくげん）されている。土偶（どぐう）や縄文（じょうもん）ポシェット（編みかご）などの出土品（あ）も展示（てんじ）されている。

指をまげて図のようにおいた左手から、親指と小指をたてた右手をゆらしながら、右肩（みぎかた）のほうへひく（右手は昔の人々、左手は場所をあらわす）

17

東北 ②
宮城県・山形県・福島県

さくらんぼ

山形県では全国のさくらんぼの7割がとれる。小さな赤い実は甘ずっぱい。

左手の輪に右手人さし指の指先をあてて、さくらんぼの実とじくの形をつくる

樹氷

冬の蔵王では、樹木がすっぽりと雪と氷におおわれた「樹氷」が見られる。

両手を上から図のようにおろして雪がつもってできた樹氷の形をあらわす

山形県

磐梯山

©Qwert1234©

猪苗代湖の北にそびえる美しい火山。1888年に大噴火した。

指文字の「は」にした両手で山の形をつくり、つり橋のような山の形を右手の指でなぞる

福島県

磐梯山

猪苗代湖

七夕まつり

写真提供：宮城県観光課

東北三大祭りのひとつ、仙台七夕まつり。大きなかざりつけが見もの。

七夕かざりがならぶ道のイメージね

猪苗代湖

福島県を代表する湖。日本国内の湖では第4位の広さがある。

両手の人さし指を口もとから前へだして「猪」のキバ

そのままの形で手を胸の前におき、「湖」をあらわす

右手で指文字「7」

指先を下に向けた両手を図のように前へだす

将棋駒

全国の将棋の駒の9割が山形県天童市でつくられている。

人さし指と中指をそろえて前にだして「将棋」をさす

両手で「駒」の形をえがく

こけし
写真提供：宮城県観光課

温泉地で生まれた木の人形。宮城伝統こけしは、国の伝統工芸品に指定されている。写真は鳴子こけし。

ずんだもち
写真提供：宮城県観光課

● 山形　● 天童

蔵王山

宮城県

● 仙台

● 松島

すりつぶした枝豆のあんを、おもちにのせたりまぶしたりしていただく。宮城県がとくに有名。

> おもちがのびるようすだね

のばした右手の親指とそのほかの指を口にちかづけてとじ

指先をつまんで口もとからななめ前にひっぱる

左手で丸い形をつくり、親指の下から、丸めた右手を下におろして、こけしの形

漢字をならべる手話

> 漢字の手話をならべて伝える方法です。名字や地名、山や川の名前などによく使われます。

写真提供：宮城県観光課

松島

宮城県の松島は「宮島」「天橋立」とならぶ日本三景のひとつ。260もの島々が海にうかぶ景色は、古くから多くの人々をひきつけてきた。

右手の人さし指と中指をのばして左の手のひらに2回あてて「松」

左手のこぶしの上で右の手のひらをまわして「島」

手話にも方言はあるの？

日本語に方言があるように、手話も地域によってことなる表現があります。また、年代によってもことなることがあります。そのちがいをみていきましょう。

ネコ

全国に多い手話は、ネコが顔をこするときの前足のように、片手をあげて手首を前にたおす表現（Ⓐ）。ほかには、ネコのひげをあらわす手話もあります（Ⓑ）。

近畿地方の一部のおとしよりの間では、ひげを表現する手話が多くみられます。

Ⓐネコの前足の動きをあらわす

Ⓑネコのひげをあらわす

ネコのひげをあらわす手話がみられる地域

滋賀　京都　和歌山

たまご

「たまご」は、殻を割る手の動きであらわします。手で割るだけのしぐさ（Ⓐ）や、テーブルなどに打ちつけて割るしぐさの手話が多く使われています。

ユニークなのは、秋田県、埼玉県、長崎県のおとしよりにみられる手話。たまごが新鮮かたしかめるため、中をすかして見てから割るしぐさ（Ⓑ）がみられます。

Ⓐたまごをパカッと割る

Ⓑたまごをすかして見てから割る

たまごをすかして見てから割る手話がみられる地域

秋田　埼玉　長崎

月曜日

「月曜日」をあらわすときは「月」をもちいることがほとんどで、多くは、親指と人さし指で三日月をえがく動き（Ⓐ）をします。また、「月」という漢字を指でえがく（Ⓑ）手話もみられます。

Ⓐ指をたてにうごかして三日月をえがく

Ⓑ「月」という漢字を指でえがく

「月」という漢字を指でえがく手話がみられる地域

青森（あおもり）
滋賀（しが）

年代によるちがい

ピンク色

若い人の多くは、丸めた左右の手をつけて「ももの形」をつくること（Ⓐ）で、「ピンク色」をあらわしています。年齢が高くなると、指でほほをさわる手話（Ⓑ）がみられます。「ピンク色はほほの色」なのですね。ほほをさわる以外に、「赤色」をあらわす手話に「少し」の手話をつけることでピンク色をあらわす手話（Ⓒ）も、多くみられます。

Ⓐ丸めた左右の手をあわせて、ももの形

Ⓑ指でほほを丸くさわる

Ⓒくちびるをさして右へひき「赤」をあらわし、そのあとで親指と人さし指の間をせばめて「少し」にすると「ピンク色」

参考：筑波技術大学 障害者高等教育研究支援センター 大杉豊研究室「日本手話言語地図（試作版）」http://www.deafstudies.jp/osugi/jslmap/
※地図中のデータは2009年

調べてみよう

全国の都道府県には、耳の聞こえない人の団体があります。地域の手話に関心をもったら、どんな手話があるか問い合わせるなどして、調べてみましょう。地域の手話の本を発行している都道府県もあります。（https://www.jfd.or.jp/about/kamei/）

関東①
群馬県・栃木県・茨城県

日光 ★

栃木県にある観光名所。日光東照宮（世界遺産）、中禅寺湖、華厳ノ滝などさまざまな見どころがある。

高崎だるま ★

200年以上もつづく、高崎のだるまづくり。縁起のよいだるまとして知られている。

この手話は「高崎」をあらわしているよ

にぎった左手に右手の人さし指をのせたら

両手を図のようにしてななめ上にぱっとひらく

● 草津

● 日光

栃木県

人さし指で額を軽く2回たたく

左の手のひらの上で、だるまがゆれるように、親指をたてた右手のこぶしを左右にうごかす

群馬県

● 前橋

● 高崎

いちご

日本一たくさんのいちごがとれる栃木県。「とちおとめ」が有名だよ。

鼻をいちごに見立てているよ

5本の指で、鼻をつまむ

草津温泉 ★

温泉の多い群馬県を代表する温泉地。自然にわきだす湯の量は日本一。人気も日本のトップクラスだ。

両手の甲を前に向け、こきざみに上下させながら広げていき「草」

指文字の「つ」

甲を前に向け、親指と小指以外の3本の指をたてた右手の下を左手ではさんで「♨」

22

ぎょうざ

©Ocdp©

ぎょうざといえば宇都宮。市内には80もの店がある。

にぎりながらぎょうざをつくっているんだね

右手の指先をおりまげて2回にぎる

宇都宮

かたちで伝える手話

©Σ64©

ものの形の特徴を、手話であらわして伝える方法です。

ミズバショウ

群馬県、福島県、新潟県にまたがる尾瀬の湿原。国立公園に指定されている。春から夏にかけて、白くてかわらしいミズバショウがさく。

右手の人さし指でまんなかのしんのような花を、左手で花びらのような葉がつつむようすをあらわす

この手話は「ねばねば」、次は「豆」をあらわしているよ

納豆

大豆を発酵させてつくった納豆。水戸の名産品。

水戸●

茨城県

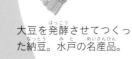

両手の親指を前に向けて、指をひらいたりとじたりしながら交互に上下して

両手の人さし指と親指でつくった輪を交互に上下させる

結城紬★

茨城県と栃木県でつくられる手織の絹織物。軽くてあたたかい。ユネスコの無形文化遺産。

両手の人さし指をまげて向かいあわせてから横にひらき「結城」

図のように、左手に右手の指を組みあわせてうごかし、はたおりのようすをあらわす

関東 ②
埼玉県・千葉県・東京都・神奈川県

鉄道博物館

さいたま市にあるJR東日本の博物館。楽しい鉄道の展示がいっぱい。

鉄道博物館のマークの形ね！

左手の人さし指を横にのばし、右手で輪をつくって左手の人さし指にかさねながら横にうごかす

小川 ●

国会議事堂

©Wiiii©

1936年にたてられた建物。ここで国会がひらかれる。

両手の手のひらを向きあわせてたて、あげながら、国会議事堂の形をえがく

埼玉県

さいたま ●

東京スカイツリー

634m、世界一の高さをほこる電波塔。

東京スカイツリ（ー）
国会議事堂

東京都

鎌で草をかるようす

鎌倉

鎌倉幕府があったところ。鶴岡八幡宮（写真）や大仏など、見どころがいっぱい。

左手をにぎり、人さし指をまげた右手を水平に2回まわす

両手で指文字「す」をつくり下に向けてならべ、指を上に向けながら、細長くもちあげる

横浜 ●

神奈川県

鎌倉 ●

みなとみらい

横浜みなとみらい21は、横浜港に面しているエリア。ホテルや公園、大観覧車などがある。

両手の人さし指を内側にまげて「みなと」

手のひらを前に向けて、おすように大きく前へだして「みらい」

和紙 ★

埼玉県小川町では古くから和紙がつくられてきた。楮だけを使った細川紙は、ユネスコの無形文化遺産に登録されている。

鼻をかむようにして「紙」

両手で紙をすくようす ❶ ❷

しょう油

野田

野田市や銚子市は、昔からしょう油の産地として知られている。

たてた右手の小指の指先を、くちびるにあてて、右へ少しうごかして

右手の親指と小指をのばし、親指側を下に向けて水平にまわす

しょう油をかける動きね

銚子

東京ディズニーランド

千葉

東京ディズニーランド

子どもから大人まで楽しめる、日本を代表するテーマパーク。

©Disney

ミッキーマウス！

両手の人さし指で、頭の横に大きな耳の形をえがく

千葉県

動きをまねして伝える手話

生き物や乗り物などの、動きをまねして伝える手話もあります。

クジラ

東京港から船で24時間、およそ1000km南にある小笠原諸島は、世界遺産に登録されている。12〜4月にはザトウクジラを見ることができる。

クジラが潮をふいているところだよ

つまんだ右手の指先を上に向けてひらきながら頭のななめうしろへうごかす

25

中部 ①
新潟県・富山県・石川県・福井県

輪島塗 ★

能登半島の輪島市でつくられる、漆塗の器。美しさは世界に知られている。

ハケで漆を塗るしぐさ。上で手の向きをかえるよ

越前ガニ ★

福井県で水揚げされたオスのズワイガニを「越前ガニ」とよんでいる。冬の味覚の王様。

3本の指をたて、額に2回あてて「輪島」

たてた左の手のひらに、右手の甲をあてながら上にうごかし（❶）、手のひらをあてながらさげる（❷）

● 輪島
能登半島

金沢 ●

富山湾

石川県

● 富山

富山県

こぶしをあごに2回つけて「越前」

両手のチョキを上に向け、両肩の上でひらいたりとじたりして「カニ」

● 五箇山

兼六園 ★

金沢市内にある日本庭園。日本三名園のひとつ。

○金沢市

福井県

恐竜

福井県では恐竜の化石がたくさん発見されている。恐竜の博物館もあるよ。

この指の形は兼六園にある有名な灯籠の形よ

ガオーッ！

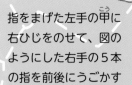

指をまげた左手の甲に右ひじをのせて、図のようにした右手の5本の指を前後にうごかす

指文字の「6」をつくり、あごから前へだしながらおろす

その手の指を広げながら下に向ける

ホタルイカ

青白く光るホタルイカ。3～5月に産卵のため、富山湾の岸ちかくに集まる。

左手で指文字の「ほ」、右手を下に向けて2回ひらき、イカの足

トキ

くちばしの形ね

日本のトキが絶滅したため、最後の生息地の新潟県の佐渡島で、中国からおくられたトキを繁殖。数はふえている。

右手の親指と人さし指を、口もとから前ななめ下へ弧をえがいておろしながらとじる

佐渡島

指文字の「5」をつくる

両手で合掌づくりの屋根の形

新潟県

●新潟
信濃川

五箇山

富山県にある、40の小さな集落をまとめたよび名・五箇山。そのうち相倉と菅沼のふたつの合掌づくりの集落が、岐阜県の白川郷とともに世界遺産に登録されている。

信濃川

©Niigata City©

長野県から新潟県まで流れる長さ日本一の川。長野では千曲川、新潟で信濃川になる。

指文字の「し」の右手を、水が流れるイメージでゆらしながら右へうごかす

伝えたいものを直接あらわすのではなく、そのものに関わるしぐさやようすであらわす方法です。

身近なしぐさやようすで伝える手話

©Niigata City©

米

新潟県は米の生産量日本一。広い越後平野とゆたかな水、土にふくまれた養分もたっぷりで、おいしい米がたくさんとれる。コシヒカリが有名だ。

口もとにごはんつぶがついているようすよ

右手の親指と人さし指で輪をつくり、口のはしにあてる

27

中部②
長野県・山梨県・岐阜県

天守閣の上の
しゃちほこの形だね

松本城

長野県松本市にある、国宝の城。天守のかべが漆で黒く塗られているのが特徴。

人さし指と中指をほほにさすようにして「松」

両手で本をひらくしぐさで「本」

両手の人さし指をまげて、向かいあわせて「城」

岐阜県

安曇野 ●
松本 ●

左手の人さし指と中指をたて、右手の人さし指でそのまわりをたて長に1周させて五平餅の形

焼いた五平餅にハケでタレを塗るしぐさ

五平餅

©Kunmap©

岐阜県などに伝わる郷土料理。つぶしたうるち米をわらじの形にし、タレをつけて串焼きにする。

岐阜 ●

県の名物の手話が、そのまま県名をあらわすこともあります。全国の都道府県名の手話（8〜11ページ）をみてみましょう。

県名もあらわす名物の手話

鵜飼

©Hide-sp©

鵜（水鳥のなかま）をあやつってアユをとる伝統的な漁法で、岐阜県・長良川の夏の風物詩。

「岐阜（県）」とおなじ手話よ

口の前で、3本の指を前に向けて、とじたりひらいたりをくりかえして「鵜」

両手を腰のあたりで交互にひき、鵜につけた手綱をひっぱるようす

わさび

鼻にツーンとくる刺激と辛みがある、わさび。長野県安曇野市など、水の澄んだ場所で栽培される。信州そばにも使われる。

● 長野

左の手のひらに、右手の親指の先をつけて「すりおろす」動きをする

長野県

善光寺 ★

©善光寺

長野市にある、1400年の歴史をもつ寺。全国から多くの参拝者がおとずれる。

両手で善光寺の屋根の形

左手はたてて拝むしぐさ、右手の人さし指で木魚などを2回たたくようにして「寺」をあらわす

山梨県

ぶどう

収穫量日本一の山梨県では、8～10月ごろのぶどう狩りが人気。

● 甲府

超電導リニア
（リニアモーターカー）

提供 JR東海

山梨リニア実験線で、時速500km走行など、日々走行試験がおこなわれる。

ピューッ！

5本の指を上にまげた左手の上で、「コ」の形にした右手を少しあげて前にだす

ぶどうのふさよ

左の手のひらに、図のように右手の指先をあて、指をすぼめたりひらいたりしながらさげる

もも

山梨県はももの生産日本一。夏には、甘くてジューシーな実がたくさんとれる。

ももの形ね

両手を図のようにふくらませて、指先と手首をつけあわせる

29

中部❸／近畿❶
愛知県・静岡県・三重県

※三重県はふつう、近畿地方に入りますが、中部地方の一部である東海地方に入れられることもあります。本書では、中部地方と同じページにのせてあります。

きしめん

名古屋名物として有名な、はばが広くて平たいうどん。

きしめんがうすくて平たいようす

親指と人さし指のあいだを少しあけて、横にうごかす

器をもち、食べるしぐさ

名古屋●

愛知県

松阪牛

三重県がほこる日本三大和牛のひとつで、霜降りの高級な牛肉として有名。

人さし指と中指をほほにさすようにして「松」

右手をななめ上にあげていき「坂(阪)」

両手の人さし指を少しまげ、図のように頭の両わきにつけて「牛」をあらわす

松阪●

伊勢神宮●

三重県

真珠

真珠の生産で有名な英虞湾には、養殖用のいかだがたくさんうかぶ。

貝殻に入った真珠をつまむようす

左の手のひらに、右手の親指と人さし指でつくった輪を、下向きにのせる

伊勢神宮

英虞湾

「お伊勢さん」ともよばれ、皇室とのゆかりが深い。日本でもっとも格式が高いとされる神社。

両手の指を図のように組みあわせ、伊勢神宮の社の屋根の形をつくり

両手を2回あわせて、神社で拝むようす

お茶

©Jose Comessu©

静岡県は日本一のお茶の生産地。一番茶は4～5月ごろに新芽をつんで加工する。飲むだけでなく抹茶のスイーツも人気。

お茶をそそぐようす

親指と小指を広げ、親指側を下にかたむける

富士山

標高3776mの日本一高い山で、姿が美しい。世界遺産に登録されている。

富士山の形だ

両手の人さし指と中指で図のように山の形をつくり、左右のななめ下へおろす

富士山

アジの干物 ★

沼津の干物は有名で、150年ほど前に始まった。質のよいアジが沼津に集まる。

静岡県

浜名湖

沼津

アジをさばいてひらくようす

魚が泳ぐようす

両手をひらく

太陽の光がふりそそぐ

にげようとする、ぬるぬるのうなぎをつかまえるようす

料理の手話には、つくる手順や食べるしぐさであらわすものがたくさんあります。

手順をあらわす手話

丸めた両手をにぎったり広げたりしながら交互にあげていく

右手の包丁でこまかく切る

器をあらわす左手に、右手でお茶をそそぐ

左手で器をもち、右手で食べる

ひつまぶし ★

うなぎの蒲焼を小さく切ってごはんにのせ、お茶漬けなどにして食べる、名古屋の郷土料理。

近畿②
滋賀県・京都府・兵庫県

天橋立

日本三景のひとつで、細長い砂地にたくさんの松がしげっている。

豊岡 ●

片手をまっすぐ前にのばし、反対の手の手のひらを上に向けて「松」をあらわし、のばした腕にそって前へすべらせる

● 天橋立

コウノトリ

©cory©

日本では一度絶滅したコウノトリ。最後の生息地だった兵庫県豊岡市で復活に成功。コウノトリの郷公園が保護、野生復帰の中心となっている。

> 大きなくちばしだね

京都府

兵庫県

親指とほかの指を、口もとからななめ下におろしながらとじていく

神戸

©一般社団法人神戸観光局

異人館、南京町、メリケンパークなど、観光に人気のある港町。

親指と人さし指で輪をつくり、額の前で左から右へうごかす

● 姫路

● 神戸

色をあらわす手話

伝えたいものに色の特徴があるとき、その色をあらわす手話を入れることがあります。

©Niko Kitsakis©

姫路

兵庫県姫路市の姫路城は、まっ白なかべが美しく、「白鷺城」ともよばれる国宝の城。世界遺産にも登録されている。

> 「白い城」で地名の「姫路」

人さし指で歯をさして「白」

> このあと、両方の指を目の上まであげると「姫路城」になるよ

両手の人さし指をまげて、向かいあわせて「城」にして「姫路」をあらわす

琵琶湖

©Moja©

滋賀県の面積の6分の1をしめる、日本でいちばん大きい湖。写真の橋は琵琶湖大橋。

この手話は楽器の「琵琶」をひいているようすだね

「湖」だよ

丸めた左手を左肩の前におき、右手の親指をおなかの前で2回おろす

指先を右に向けた左手の内側で、右の手のひらを上に向けて円をえがく

琵琶湖

★
ふなずし

琵琶湖でとれるふなを、塩づけして、ごはんにつけて発酵させたもの。滋賀県の郷土料理。

清水寺

©JKT-c©

「清水の舞台」とよばれる本堂が有名な、京都の世界遺産の寺。境内には「音羽の滝」がある。

● 京都

この手話は魚のふなのえらに米をつめるようすね

首の両側に手をいれるしぐさ

たるにつみかさねるようす

両手の甲をかさねて下におす

5本の指を頭にかぶせるようにして、2回軽くたたいて滝の水をあびるようす

舞妓

美しい着物でおどりを舞って、京都・祇園でお座敷のお客さんをもてなす。

右手の甲に、左の手のひらをかさねて胸におき

両手を少し丸めて親指側をつけ、曲線をえがきながら少しおろす

33

近畿 ③
奈良県・大阪府・和歌山県

「古い丘」で「古墳」なんだね

大山古墳

堺市にある日本最大の古墳。かぎあなのような形をした前方後円墳。世界遺産に登録されている。

片手を額にかざして左右にうごかし、遠くをながめるしぐさで「大山」

まげた右手の人さし指を鼻にあて、左下におろして「古」

甲を上にした右手で低い山の形をえがく

●大阪

●堺

大阪府

梅干し

和歌山県は日本一の梅の産地で、梅干しづくりもさかん。

くちびるの下につけた親指・人さし指・中指をこめかみにつけて「梅」

両手の手のひらを下に向けてゆっくりおろして「漬けるようす」

和歌山県

みかん

和歌山県の日当たりのよい山々には、たくさんのみかん畑が広がっている。

●高野山

みかんをむいているところ

高野山

日本の仏教の聖地のひとつで、山はすべて金剛峯寺の境内となっている。平安時代に空海がひらいた。

手のひらを下にした右手を頭の上でまわし

おなじ形のまま、左から右へ山の形をえがく

5本の指をつまんで上に向けた左手の指先に、右手の指先をつけて、みじかく2つの方向にひきおろす

34

たこやき

タコなどの具を入れて、クルクルとボールのように焼いた大阪の名物。

右手の指先を左手の甲につけて、左手の5本の指をゆらし「タコ」

まげた右手の人さし指で、ひっくりかえす動きをくりかえしながら左へうごかす

● 奈良

シカのツノだね

シカ

奈良公園にいるシカは、国の天然記念物に指定されている野生生物。

3本の指をたて、こめかみから半回転しながらあげる

奈良県

大仏 ★

「奈良の大仏」として知られる東大寺の大仏は、高さ約15mと巨大。

大仏さまのかっこうそのものだね

右の手のひらを前に向けてたて、左手は手のひらを上、指を少し下向きにして、からだの左側におく

ツキノワグマの首の下の白い三日月形のもようね

ものの特徴、指文字、ようすをあらわす手話など、いろいろな種類の手話をつなげることもあります。

さまざまな種類の表現をつなげた手話

©663highland©

熊野古道 ★

紀伊半島の熊野三山をめざして、参詣者が歩いた巡礼の道。和歌山・三重・奈良の三県にまたがっている。世界遺産に登録されている。

親指と人さし指をつまみ、左にうごかしながら指先をひらき、またとじて「熊」

指文字の「の」

まげた右手の人さし指を鼻にあて、左下におろして「古」

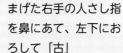

両手の手のひらを向かいあわせて前にだして「道」

熊野三山

35

毎年たくさん！ ふえる手話

日本語では、社会の大きな動きや事件などがニュースになると、新しい言葉が次々に使われるようになります。おなじように、手話も毎年ふえていきます。

2011年 津波

2011年3月11日、東北地方を中心に多くの被害をもたらした東日本大震災が発生しました。

図のようにおいた左手の上を、右手で波がたつようにのりこえて、前へだす

2012年 スマートフォン

多くの人が使うようになったスマートフォン。2012年にもっていたのは、ほぼ4人にひとりでした。現在では、日本全国のおよそ8割の人が使っています。

スマホの画面を操作するようす

手のひらを上に向けた左手の上で、右手の人さし指を2回ななめ前へうごかす

2014年 デング熱

蚊がデングウイルスをはこんでうつる感染症。人にうつると、高熱がでます。もともと暑い国ではやっていましたが、2014年に日本で感染者が見つかりました。

手のひらを前に向けた右手を左から右へうごかし

人さし指を肩の前であげる

2015年 マイナンバー

2015年から通知がはじまり、2016年から使われるようになったマイナンバー。国民ひとりひとりに番号がつきました。

両手の人さし指の指先を額の前から「▽」の形にうごかし

図のように1から5まで指をのばしながら右にうごかす

「個人」と「番号」の組みあわせ

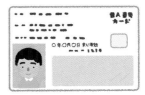

2015年 コロナウイルス

2015年にできたのは、風邪をひきおこすコロナウイルスの手話です。2019年に新型コロナウイルスが発生し、2020年に大流行するとは、だれも予測できませんでした。

「C」の形にした左手の手前に右の手のひらをおき、手首を軸に左から右にうごかす

右手の人さし指と中指で輪をえがき、丸めた左手の上からのぞきこむ

顕微鏡で見るようす

※新型コロナウイルスを正式な手話であらわす場合は、左の手話に「新しい」と「形」の手話をつけます。

2017年 QRコード

スマートフォンなどで情報をすばやく読みとれるQRコード。現在、QRコードを使ったキャッシュレス決済などもふえています。

スマートフォンをちかづけるようす

左手の親指と人さし指で「コ」の形をつくり、図のようにひらいた右手をひきながら指先をつける

2019年 令和

徳仁天皇が即位した2019年5月1日から、元号が「令和」になりました。新しい元号が発表されてすぐに、手話づくりの話しあいがおこなわれました。

花のつぼみがゆるやかにひらいていくようす

指をすぼめて上に向けた右手を、前にだしながら指先をゆるやかにひらく

中 国
岡山県・広島県・島根県・鳥取県・山口県

出雲大社
神話のふるさと出雲の神社で、縁むすびの神様としても有名。写真は神楽殿。

写真提供：出雲大社

神楽

日本の神話をもとにして、劇のように演じる伝統芸能。島根県には出雲、石見、隠岐の3つの神楽がある。写真は石見神楽。

両手を2回あわせて、神社で拝むようす

両手の指文字「え」を、向きをかえながら前後にうごかす

胸の前に、指をまげた両手を左右逆向きにおき、ひねりながら広げて指をとじる

両手の手のひらを2回たたきあわせて、拝むしぐさ

大きなしめ縄

●出雲大社

島根県

秋芳洞

地下100mの深いところに広がる、日本でもっとも大きい鍾乳洞のひとつ。

両手で顔に向けて風がくるようにあおいで「秋」

こぶしを口にちかづけて「よい」という手話

左手でつくった山の下に、右手を図のようにおき「山の下の洞窟」をあらわす

●下関

広島●

広島県

山口県

宮島●

フグ

山口県を代表する高級魚。下関では「ふく（福）」とよぶ。

フグのおなかがふくらんでいるようす

右手の人さし指で、左手の小指の指先から手首へ向かって、ふくらむように半円をえがく

宮島

厳島神社の大きな鳥居が、海にうかぶようにたてられている。日本三景のひとつ。

両手の指を交互に組みあわせて「宮」

軽くにぎった左手の小指に、手のひらを上にした右手をつけて、時計まわりに親指側にまわして「島」

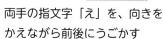

©Hashi photo©

日本海の海岸にそって、東西16kmにわたり砂丘が広がる。

● 松江

鳥がついばむようす

砂丘が広がるようす！

親指と人さし指をのばして口もとにおき、2〜3回指先をつけて「鳥取」

❶両手の親指とほかの4本の指をこすりあわせたら、❷ゆるやかに両手の指をひらきながらななめ下に広げる

鳥取砂丘

後楽園 ★

©Fjkelfeimvvn©

岡山市にある、江戸時代のようすがのこるみごとな庭園で、日本三名園のひとつ。園内ではタンチョウを飼育している。

草が生えているようす

鳥取県

ツルのくちばしだよ

口もとから親指と人さし指をとじながらななめ下にのばし

図のように手のひらを下に向けてまわし、水平な円をえがく

桃太郎

日本一

岡山県には、昔ばなしで有名な「桃太郎」ゆかりの神社などがある。

両手を図のような形にして「もも」

右手の親指をたてながら前へだして「息子」

歴史的な建物や神社、城、博物館などをあらわすとき、建物の形の一部をとりいれることがあります。

建物のかたちをあらわす手話

©Oilstreet©

原爆ドーム ★

広島市の原爆ドーム。鉄骨むきだしの建物は、原爆のおそろしさや戦争の悲惨さを今に伝えている。

カキ

カキの養殖がさかんな広島県。生産量は日本一で、全国の6割以上をしめる。

貝殻からカキをとりだすしぐさ

岡山県

● 岡山

たてた左の手のひらを、まげた右手の人さし指の指先で、2回ひっかく

にぎった両手を胸のあたりから顔に向けていきおいよくひらいて「原爆」

組んだ両手を丸く左右におろしてドームの形をつくる

39

四 国

香川県（かがわ）・徳島県（とくしま）・愛媛県（えひめ）・高知県（こうち）

瀬戸内（せとうち）しまなみ海道（かいどう）

小指をたてて指文字
の「い」

数字の4を横にたお
して指文字の「よ」

つまんだ左手の指先に右手の
指先をつけ、いよかん（みか
ん）の皮をむくようす

いよかん

愛媛県の特産の
くだもの。「いよ
（伊予）」は愛媛
県の昔の名前。

● 松山（まつやま）

愛媛県

道後温泉（どうごおんせん）

「千と千尋（ちひろ）の神隠（かみかく）し」
のモデルにもなっ
た、松山市（まつやま）にある
日本最古（さいこ）の温泉（おんせん）。

©Arnaud Malon©

図のようにした右
手で下から上へほ
ほを2回なでて、
湯気（ゆげ）があがってい
くようす

手のひらを自分
に向け、指を3
本たてた右手を
左手ではさんで
「温泉」（おんせん）

指文字には、ひらがなや数字、アルファベットなど、いろい
ろな種類（しゅるい）があり、それらを組みあわせることもあります。

四万十川（しまんとがわ）

指文字をつなげて あらわす手話

四万十川（しまんとがわ）

水がきれいな清流（せいりゅう）として知られ、アユ
やウナギなどもすんでいる。

数字の4を横にた
おして指文字の
「四」

ひらいた手を
すぼめて指文
字の「万」

指文字の「と」

3本の指をおろし、
下へ向けて「川」

40

うちわ

香川県丸亀市はうちわの産地。1本の竹から、ていねいにつくられる。

うちわをあおぐしぐさ

親指を人さし指にのせた右手のこぶしで、首すじをあおぐ

● 高松

瀬戸大橋

香川県

讃岐うどん

うどんは香川県（讃岐）で古くから食べられていて、店も多い。

「たぬき」と「さぬき」がにているからかな

たぬきのように両手で交互におなかをたたいて「さぬき」

はしでうどんを食べるようす

明石海峡大橋

阿波おどり

おどり手がグループでおどり歩く、徳島県生まれの盆おどり。

阿波おどりの動き、そのまんまだね

両手を肩より上にあげ、にぎった指をひらきながら腕をななめ前にふる

徳島

鳴門海峡

大鳴門橋

徳島県

高知県

● 高知

吊り橋

兵庫県と徳島県をむすぶ明石海峡大橋と大鳴門橋、岡山県と香川県をむすぶ瀬戸大橋、広島県と愛媛県をむすぶ瀬戸内しまなみ海道の来島海峡大橋などの吊り橋が、本州と四国をつないでいる。写真は瀬戸内しまなみ海道。

チョキの形にした両手で弧をえがいて、同時に手前にひく

カツオのたたき

カツオがとびはねるようす

本場の高知県では、皮つきの新鮮なカツオをわらの炎であぶり、調味料をかけてから、手でたたく。

手をいきおいよくすくうように上にあげる

グーにした右手でたたく

うず潮

©Hellbuny©

潮の満ち引きが、鳴門海峡に大きなうずをつくる。大潮のときは直径20mにもなる。

上に向けた5本の指をすぼめながら、らせん状に下にまきこむように手をうごかす。片手ずつ両手でおこなう

41

ちゃんぽん

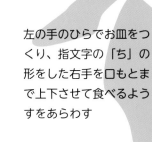

太い麺と、豚肉や野菜、かまぼこなどの具がたっぷり入った長崎の郷土料理。

©663highland©

カステラ

ポルトガルから伝わった焼き菓子を、まろやかな味にくふうした。長崎を代表する菓子。

四角い
カステラの形

額の前で人さし指を左にたおしてカステラの「黄色」をあらわし

親指と人さし指をのばした両手を左右に広げてから前にだす

左の手のひらでお皿をつくり、指文字の「ち」の形をした右手を口もとまで上下させて食べるようすをあらわす

佐賀県

●有田

長崎県

有明海

ムツゴロウ

有明海の干潟にすみ、泥の上をとびはねる、15cmくらいの魚。

前に向けてうごかすと「虫」になっちゃうんだって

●長崎

右手の人さし指と中指を同時にのばしたりまげたりしながら左へうごかす

大浦天主堂

©Tomio344456©

長崎県にはたくさんの教会がある。大浦天主堂は1864年、長崎市にたてられた美しい教会で、世界遺産のひとつ。

十字架をあらわすよ

両手を左右に広げて「大」

胸に向けた左の手のひらの内側に右手の人さし指をおろして、内側の意味で「浦」

両手の人さし指をクロスさせて十字にしたら

両手の指先をつけたところから、ななめ下にはなしていき、教会の建物をあらわす

有田焼

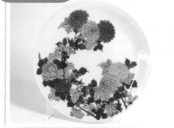

佐賀県の有田町を中心につくられる磁器。17世紀にヨーロッパに輸出された。

● 福岡

指先を少しななめ上に向けて軽くおろして「ある」という手話で「有」

両手の3本の指をかさねて「田」

両手の手のひらを上に向けてそろえたら、少しななめ上にはなしていき「器」をあらわす

福岡県

水炊き

鶏のもも肉を、キャベツなどの野菜といっしょに煮こむ鍋料理。福岡市の名物。

©Kmkoji©

とんこつラーメン

とんこつスープと細い麺が特徴の、福岡市の名物ラーメン。

親指の先を額にあて、人さし指をたてて「にわとり」

両手の指先を向きあわせ、指をとじながら左右にひきあげて「なべ」

左手の指をすぼめて鼻にあて、そのなかに右手の人さし指と中指をいれて「ブタ」をあらわす

指文字「ら」の形をつくり水平にかまえ、下から口にちかづける

食べものの手話には、「からい」「すっぱい」「甘い」など、味をあらわす手話をとりいれているものもあります。

味覚であらわす手話

からし明太子

©Kanko©

たらこをとうがらしなどで漬けこんで、からい味にした福岡県の名産品。

「からい！」表情

指をまげて口に向けてまわすことで「からい」

明太子とくちびるの形はにているね

人さし指と親指でくちびるのまわりに口の形をつくる

43

九州・沖縄②
大分県・熊本県・宮崎県

かぼす

しぼっているようす

さわやかな香りのかぼすは、全国の生産量の9割以上が大分県産。

手をにぎり、水平に小さくまわす

しいたけ

しいたけが生えているようす

大分県は、日本一の生産量をほこる、干ししいたけの産地。

図のように4本の指をまげた右手の指先を、指を軽くにぎってたてた左腕の下と上にあてる

熊本 ● 　熊本県

すいか

すいかを食べているところ

強い太陽のめぐみを受ける熊本県は、日本一のすいかの産地。

丸めた両手を口の両わきにおいて、左右へうごかす

阿蘇山 ★

カルデラとよばれる巨大なくぼ地のなかに中岳などの山々がある阿蘇山は、「火の国」熊本県のシンボル。

左手を図のようにして山をあらわし、その内側から右手をあげて、けむりがふきでているようす

宮崎県

からし蓮根 ★

ゆでた蓮根のあなに、からし味噌をつめこんでつくる、熊本県の郷土料理。

指をまげて口に向けてまわし「からい」

蓮根のあながあいているようす

左手を図のようににぎり、右手の人さし指で3回つつく

宮崎 ●

日南海岸

44

大分県

地獄めぐり ★

©Totti©

別府温泉にわく、赤、青、白などの
色をしたさまざまな源泉「地獄」を
見てまわる。

下に向けた両手を交互に
上下させて、ボコボコと
ふきでるようす

親指と人さし指で輪をつくって
目の前で2回まわして「めぐる
（観光する）」ようす

別府 ●

大分 ●

蘇山

マンゴー

あたたかい地域で栽
培される甘いフルー
ツ。宮崎県では、香
りの強いアップルマ
ンゴーなどが栽培さ
れている。

高千穂峡

「実をすくっているの」

軽くすぼめた左の手のひ
らの内側を、図のように
指文字「ま」の形をした
右手の3本の指ですくう
ように、手前にひく

フェニックス ★

©Fir0002©

南国・宮崎にふさわしい風
景をつくるフェニックス。
日南海岸など、あたたかい
ところに生えている。

「細長い葉っぱ
の形ね」

❶ ❷

両手の親指と人さし指を少し
はなして前におき、❶❷の順
に片手ずつ図のようにななめ
上にあげながら親指と人さし
指をとじていく

物語や昔話をとりいれた手話もあります。高千穂峡の手話
には、日本の神話の有名な場面が表現されています。

物語をあらわす手話

「天岩戸のとびらを
あけるんだ」

両手を同時に上へ
あげて「高い」

両手でとびらを横に
あけるしぐさ

左右にあげた両手をちかづけなが
ら下におろして「谷」をあらわす

高千穂峡 ★

©Takasunrise0921©

日本神話や伝説にちなんだ
多くの見どころがある、宮
崎県の高千穂。なかでも高
千穂峡は、神秘的なパワーを
感じるスポットとして有名。

45

九州・沖縄 ③
鹿児島県・沖縄県

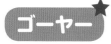

ゴーヤーの表面の
ごつごつした感じを
あらわしているんだね

首里城

国営沖縄記念公園（首里城公園）：正殿

那覇市にある琉球王朝の城。太平洋戦争の沖縄戦で焼失したのち再建された。2019年10月の火災でまた焼失。

右手で首をおおう
しぐさで「首里」

両手の人さし指をまげて、
向かいあわせて「城」

苦みのある野菜で、ゴーヤーチャンプルーなどの沖縄料理に使う。

指を軽く丸めて、ほほを「ポン、ポン、ポン」と少しずつさげながらたたく

沖縄美ら海水族館

沖縄島にある水族館。世界最大級の水槽では、ジンベエザメやマンタがゆうゆうと泳ぐ。

国営沖縄記念公園（海洋博公園）

©M. Ohno

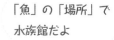

「魚」の「場所」で
水族館だよ

沖縄美ら海水族館

沖縄県

沖縄島

那覇

屋久島

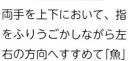

チョキの形をひねりながら頭の上へもっていき「沖縄」

両手を上下において、指をふりうごかしながら左右の方向へすすめて「魚」

指をまげた手を下に向けて軽くおろして「場所」をあらわす

シーサー

©okinawashisa©

「シーサー」は沖縄の魔よけの獅子。1体で屋根の上におかれたり、門の左右にそれぞれ1体ずつおかれたりする。

両手の指をひらいて
自分に向ける

両手の手首をかえして手のひらを見せる

さつまあげ

魚のすり身を揚げたさつまあげ。鹿児島県の伝統料理で、地元では「つけあげ」とよばれる。

桜島

鹿児島

鹿児島県

揚げているところ

3本の指をたてた右手を、こめかみから半回転しながらあげる「鹿」の手話で鹿児島をあらわし

ななめ下に向けた右手の2本の指を図のようにかえして、手のひらを上に向ける

★ 桜島

鹿児島湾にある活火山で、噴火の溶岩流によって陸とくっついた。今でも高くけむりをあげている、鹿児島県のシンボル。

両手の人さし指と中指の指先をつけたところから、山頂がギザギザした桜島の形をつくる

★ 屋久杉

©Σ64©

雨の多い屋久島の山地に生えていて、樹齢1000年をこえる。1966年には、樹齢2000年以上といわれる「縄文杉」が発見された。

種子島

右手の親指と小指をたてた「や」の指文字を自分のほうに向けて

たてた左手の人さし指に右手の3本の指を向けて「杉」

ロケット

ロケットが噴射しながらあがっていくよ

種子島宇宙センターでは、JAXA（宇宙航空研究開発機構）が大型のロケットを打ちあげる。

左手で「ほ」の指文字をあげていき、左手にそえた右手は指をとじたりひらいたりしながらさげていく

「歩く」「泳ぐ」「もぐる」などの人の足の動きは、指のチョキのうごかし方であらわします。

からだの動きをあらわす手話

足をバタバタさせて海にもぐるようすね

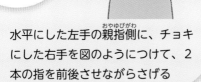

ダイビング

透明度の高い沖縄の海にもぐると、美しいサンゴやカラフルな熱帯魚を楽しめる。

水平にした左手の親指側に、チョキにした右手を図のようにつけて、2本の指を前後させながらさげる

パイナップル

沖縄島の北部や石垣島などに、パイナップル畑が広がる。

パイナップルの表面のもようをあらわしているよ

丸めた左手を中心におき、右手の4本の指で図のように「×」をえがく

1〜4巻にでてくるおもな手話の表現を集めました。❶〜❹の数字は巻数、それにつづく数字はページです。

●監修　一般財団法人全日本ろうあ連盟

1947年に創立した、全国47都道府県に傘下団体を擁する全
国唯一のろう者の当事者団体です。
その目的は、ろう者の人権を尊重し文化水準の向上を図り、
その福祉を増進することです。

基本的な取り組みは次の通りです。
1. 手話言語法と情報・コミュニケーション法の制定
2. 聴覚障害を理由とする差別的な処遇の撤廃
3. 聴覚障害者の社会参加と自立の推進

●イラスト　門司美恵子、井林真紀（チャダル108）
●装丁・デザイン　門司美恵子（チャダル108）
●企画編集　頼本順子、渡部のり子（小峰書店）
●編集協力　大野益弘（ジャニス）、宮嶋幸子
●DTP　山名真弓（Studio Porto）

●手話表現協力

北海道ろうあ連盟／青森県ろうあ協会／岩手県聴覚障害者協会／秋田県聴力障害者協会／宮城県聴覚障害者協会／山形県聴覚障害者協会／福島県聴覚障害者協会／群馬県聴覚障害者連盟／栃木県聴覚障害者協会／茨城県聴覚障害者協会／埼玉県聴覚障害者協会／神奈川県聴覚障害者連盟／新潟県聴覚障害者協会／富山県聴覚障害者協会／石川県聴覚障害者協会／福井県ろうあ協会／長野県聴覚障害者協会／岐阜県聴覚障害者協会／愛知県聴覚障害者協会／静岡県聴覚障害者協会／三重県聴覚障害者協会／滋賀県ろうあ協会／京都府聴覚障害者協会／兵庫県聴覚障害者協会／奈良県聴覚障害者協会／大阪聴力障害者協会／和歌山県聴覚障害者協会／岡山県聴覚障害者福祉協会／広島県ろうあ連盟／島根県ろうあ連盟／鳥取県聴覚障害者協会／山口県ろうあ連盟／香川県聴覚障害者協会／徳島県聴覚障害者福祉協会／愛媛県聴覚障害者協会／高知県聴覚障害者協会／福岡県聴覚障害者協会／佐賀県聴覚障害者協会／長崎県ろうあ協会／大分県聴覚障害者協会／熊本県ろう者福祉協会／宮崎県聴覚障害者協会／鹿児島県聴覚障害者協会／沖縄県聴覚障害者協会

●写真協力（50音順）

アイヌ民族文化財団／出雲大社／大野益弘／沖縄美ら島財団（首里城）／鹿児島県観光連盟／鹿児島県聴覚障害者協会・寿福三男／金沢市／神戸観光局／クリエイティブ・コモンズ／香川県観光協会／善光寺／鶴岡八幡宮／東海旅客鉄道株式会社／東京ディズニーリゾート／PIXTA／宮城県観光課

●おもな参考資料

『わたしたちの手話　学習辞典Ⅰ・Ⅱ』『全国地名手話マップ』『新しい手話2012』『新しい手話2014』『新しい手話2015』『新しい手話2017』『新しい手話2019』『新しい手話2020』『新しい手話2021』以上 全日本ろうあ連盟／『新日本語 - 手話辞典』中央法規出版／「北海道の手話」北海道ろうあ連盟／「ぐんまの手話」群馬県聴覚障害者連盟／「とちぎ手話辞典」栃木県聴覚障害者協会／「石川県手話ガイドブック」石川県／「2012年静聴協カレンダー」静岡県聴覚障害者協会／「あいちの手話　改訂版」愛知県聴覚障害者協会／「三重県手話カレンダー2021」三重県聴覚障害者協会／「京の手話第1集」京都市聴覚障害者協会／「兵庫の手話」兵庫県聴覚障害者協会／「奈良の手話」奈良県聴覚障害者協会／「和歌山の手話」和歌山県聴覚障害者協会／「手話ハンドブック 活用編」鳥取県／「湖国の手話」滋賀県ろうあ協会／『親子で学ぼう！ はじめての手話』深海久美子著 メイツ出版／長野県ホームページ／沖縄県ホームページ

手話でつながる世界　③手話で日本一周

2021年4月3日　第1刷発行
2024年7月10日　第2刷発行

監　修　一般財団法人 全日本ろうあ連盟
発行者　小峰広一郎
発行所　株式会社 小峰書店
　　　　〒162-0066
　　　　東京都新宿区市谷台町4-15
　　　　TEL：03-3357-3521　FAX：03-3357-1027
　　　　https://www.komineshoten.co.jp/
印　刷　株式会社 三秀舎
製　本　株式会社 松岳社

©Komineshoten 2021 Printed in Japan
ISBN978-4-338-34203-2 NDC378　51P　29×23cm

おぼえよう！
わたしたちの手話 指文字

右手の形 → A ← 相手から見た 自分の左手の形

左手の形 → ← 自分から見た 自分の右手の形

A	B	C	D	E
K	L	M	N	O
U	V	W	X	Y
0	1	2	3	4
10	一	二	三	四